1202
急
りつりん
RITSURIN

中巻のはじめに

戦時中の1943（昭和18）年11月、琴平電気鉄道・高松電気軌道・四国水力電気電車部の三社が合併し、高松琴平電気鉄道（以下琴電と表記）が発足した。琴電の車両技術の継承について、志度線のルーツであり四国水力電気電車部の前身である東讃電気軌道では、郊外電車を中心に考えていたため、木造単車としては大型の電車を購入した。その後は高松市内線を重視したためか、やや小型の幅の狭い電車を市内線の折返し用に購入、昭和に入ってからは市内線の複線化のために車体幅はさらに狭く設計されるなど、やや場当たり的な車両購入であった。

長尾線の前身である高松電気軌道も小型の電車に終始し、合併までは車両増備はなかった。一方、琴平電気鉄道は高速度電車という田舎の電車には過ぎたる車両を10両購入するなど、戦時中の合併統合で三社三様の規格が異なり、特に旧四国水力電車、旧高松電気軌道の車両の近代化が急

務になっていた。

そこで、中古車両を購入することにより近代化を進めることになった。この流れは現在でも続き、古くは東武鉄道、山陽電鉄、東京急行電鉄、近畿日本鉄道、阪神電鉄、名古屋鉄道、最近では京王電鉄、京急電鉄、名古屋市交通局など、全国の大手私鉄から車両を購入して近代化に努めてきた。しかもただ車両を購入するのみならず、各社の文化や風土までも取り入れられる柔軟性が琴電には感じられるのである。高性能化が進むまで、歴史をもった車両を詳しく見ていくと、たとえば琴平電鉄生え抜きの電車であっても阪神電車のパンタグラフに台車、名鉄車のような車内の色彩、鎧戸は阪神電車を習い軽量化、京急からの明るい床下機器塗装などである。大手私鉄の伝統が琴電で融合した姿も楽しめたものである。中巻では他社からの譲渡車の改造や活躍などにも触れていきたい。

元京浜電気鉄道の木造車を簡易鋼体化した2両編成、73+61が行く。73の台車は加藤組立台車に交換されている。現在もそうだが、標準軌の琴電では京浜電鉄(京急電鉄)由来の譲渡車が古くから使われていた。
1961.1.31　八栗新道ー塩屋　P：高橋　弘

京浜電鉄由来の60型61号。簡易鋼体化はなされたが、窓配置やダブルルーフなど車体外形については京浜時代のものがほぼ維持されていた。
1961.1.31　琴電屋島付近　P：高橋　弘

4．1940年代後半の譲渡車

●60型(61・62・63・64)
●70型(71・72・73←1510)

現在の京浜急行電鉄の前身、京浜電気鉄道が1913(大正２)年に天野工場(のちの日本車輌東京支店)で製造した12両のうちの７両がそのルーツで、京浜電鉄が東京急行電鉄に合併された後の1948(昭和23)年に琴電(1943年11月に琴平電気鉄道、高松電気軌道、四国水力電車が合併した高松琴平電気鉄道、以下琴電と表記)に譲渡されたものである。

木造車体のボギー車で、新造当時はデッキが付き、客室前後に出入口の付いた路面電車タイプであったが、京浜時代にデッキをなくして側扉を設け、中央にも側扉を増設するなど鉄道線向けに改造されていた。また譲渡時にはいずれも電装解除され、制御車となっていた。

譲渡直後の琴電60型61号。琴電に搬入後も志度・長尾線の大型規格が整っていなかったことから、１年後の1949(昭和24)年12月まで待たなければならず、仏生山車庫に留置され塗装がやや退色しているのがわかる。
1949.6　仏生山
P：亀井一男(所蔵：宮武浩二)

東急電鉄から分離された京浜急行電鉄にて整備された木造制御車。前面中央窓上部の優雅な曲線が元京浜電鉄の初期の木造車に見られる特徴であった。出荷前だが車号はすでに琴電形式の70型71号となっている。
1948.12.17　東神奈川
P：荻原二郎

東急統合時代に東急が経営を受託していた旧神中線用として、元京浜電鉄の車両を改軌して使用していたクハ3143は東急碑文谷工場で整備され、琴電1510として菊名から発送された。
1948.10.31　菊名
P：荻原二郎

東急元住吉工場に留置された、神中線に転用されていた木造車クハ3143。その後琴電1510として碑文谷工場で整備された。
1947.6.7　P：荻原二郎

琴電入りに際して、京浜からの６両のうち４両は川崎車庫で電動車化、アンチクライマーを一部欠き取り、自連を取り付け1948年10月から３回に分けて２両ずつ神奈川新町で狭軌台車に履き替えて、国鉄線で高松に送られた。一方、神中線(現在の相模鉄道線)で使用していた同型のクハ3143は狭軌改造されていたため、東京急行電鉄碑文谷工場で整備されて1510と付番され、横浜線の菊名から高松に送られた。

高松琴平電鉄への譲渡のため、輸送に備え仮台車への交換作業を行う東京急行電鉄→京浜急行電鉄の車両。
写真６点すべて1949.6.26　神奈川新町(東神奈川)　P：荻原二郎

京浜急行電鉄神奈川新町～国鉄東神奈川付近の、標準軌と狭軌の線路が隣接する地点で搬出のための台車交換が行われた。琴電車号64の車体が持ち上げられ、両線路に跨る形で車体が移動させられている。63はすでに狭軌の国鉄線路上に置かれている。

移動が進む64の車体。右背後には車両を回送してきた京急の電動貨車デト22が見える。

車体の移動も終わりに近づき、あらかじめ国鉄線路上に置かれた狭軌の仮台車上に降ろす作業が進められる。現場のすぐそばで子どもが遊ぶ姿が見られるなど、昭和時代ならではの鷹揚さが感じられる。

車体の下に仮台車の挿入が行われている64。

標準軌のテーラー台車を国鉄無蓋車に積込する風景。

Yゲルを装備し、簡易鋼体化された後の琴電60型61号。鋼体化に伴って台枠が露出するようになった。行先方向板の「高松」とは現在の瓦町駅のことで、当時はまだ高松駅と称していた。
1954.4.8　瓦町　P所蔵：宮武浩二

元京浜電鉄車のうち、制御車のまま譲渡されたものは琴電では70型とされた。前面部分が鋼体化される前の71で、特徴的な前面中央窓が残存している。
1954.4.8　瓦町　P所蔵：宮武浩二

前面のみが簡易鋼体化された60型63号。この車両のみ前面鋼体化の際に幕板が狭く改造され、腰高な姿になった。景山式と呼ばれる簡易なパンタグラフに交換されたほか、台車も山陽から来たものに交換されている。 1961.1.31 瓦町 P：高橋 弘

京浜から直接搬入した６両は、琴電では60型(制御電動車)×４両、70型(制御車)×２両として仏生山工場で整備のうえ600V区間であった志度・長尾線に導入された。また、神中を経由した1510(制御車) １両は東武鉄道から供出されてきた元総武鉄道モハ1000形(→琴電7000型) の相棒として1500V仕様・自動扉付に整備され、琴平線で走り出した。1510は琴平線初の木造車となり、正面は中央の窓の上辺が大きく弧を描いた独特のもので、人目を惹いた。

60型導入に携わった高木 亙氏にお聞きすると、供出車といっても高価であったので期待して戦後の混乱期の真っただ中に景山常務と二人で車両購入費(電動車1両100万、制御車は50万、７両合計550万で決して安い買い物ではないことがわかる) の手付金165万円を腹巻に忍ばせて、渋谷の東急本社に支払いに行った由。これには後日談があって、期待して購入した電車があまりに酷く、翌年暮れに再び渋谷の東急本社に車両の交換の陳情にいったところ東急の担当課長から「琴電さんは中古車両を購入したんでしょ」とにべもなく断られ、やむなく自社で対策することになったとの

60型63号のパンタ側。景山式簡易パンタに交換されているが、台車はテーラーのままである。前面の窓は全て開いていて、走行中はさぞ涼しかったと思われる。
1957.3 瓦町
P：沖中忠順
(所蔵：宮武浩二)

簡易鋼体化された電動車60型64号と制御車70型71号の２両編成。背後に見える木造の建物が今橋工場。
1960.3　今橋
P所蔵：宮武浩二

正面のみ鋼体化された70型71号。側面の腰板は木造のままで台枠が見えない。台車は1510に付いてきた狭軌台車を改軌したもの。
1960.3　今橋
P所蔵：宮武浩二

ことである。

1951(昭和26)年の桜木町での車両火災事故以降、運輸省から木造車の追放及び改装などの不燃化対策を再三求められたこともあって、まずは一番痛みの激しい61の改造に着手、京浜時代の姿を色濃く残すスタイルで1951年に半鋼化され、1510・64も同じスタイルで鋼体化された。この時期に高松が第８回国民体育大会の会場となり、当社の大西禎夫社長が県の体育協会

神中線から転じた元京浜の木造車、琴電1510の簡易鋼体化後の姿。70型と同様の仕上がりだが、客扉は京浜時代の木造のものが継続して使用されている。客扉ガラスには「自動開閉」と書かれているのが見える。
1954.4.8　仏生山
P所蔵：宮武浩二

70型73号の室内。ほぼ京浜急行時代のままで、ペイント塗装になった以外ほとんど手が加えられていない。　P：高橋　弘

1510が改番され、70型73号となった後の姿。琴平線から志度線に転属となり、同時に自動扉装置は撤去され手動扉に改造された。
1961.1.31　琴電屋島　P：高橋　弘

の会長であったことから、高松築港から陸上競技場のある屋島まで乗り換えなしで行けるように築港線の片側を志度線用として600Vに変更、ダイヤ改正を行った（このスタイルは志度線の1,500V昇圧まで続いた）。

なお60型のうち鋼体化未施工であった62は、1953（昭和28）年10月開催の国体に合わせ新造車体での更新を行った。同様に簡易鋼体化もなされずに残っていた70型の72は、1960（昭和35）年に新造車体で更新されると同時に電動車化されて65に改番された。この更新車２両については後述する。一方、当初琴平線で7000型のお供をしていた1510は、1955（昭和30）年に山陽電鉄から購入した920と入れ替わりに志度線に転属し車番も73に変更、600V降圧改造、主幹制御器もデッカータイプからHL制御に変更、自動扉装置は撤去され手動扉と他車並みになっている。

新造車体の62・65を除いた60型３両、70型２両も寄る年波には勝てず、阪神電鉄から購入した30型（下巻掲載）に追われ、木造のまま（前頭部のみ簡易鋼体化）の71・63を皮切りに64・61・73の順に廃車されて姿を消している。61のみは一時期300の片締め住友台車を履いて今橋車庫に待機して夜間の工事車両になっていた。

今橋車庫の60型61号と70型73号。この木造の建屋の中で62号他の鋼体化工事が行われた。頭上の電車用のヘッドライトは構内の照明に転用、倉庫の扉も廃品となった電車の扉が使用されている。左側の2番線がピット線になっていた。
1969.4.2　今橋　P：荻原俊夫

国体に合わせ、琴電の威信をかけて新造車体でイメージを一新した60型62号。当時流行の前面2枚窓を取り入れた斬新な車体デザインであった。台車は3000型の住友両締め台車が転用されている。
1969.4.2　潟元　P：荻原俊夫

●60型更新車(62・65←72)

鋼体化工事が進みつつあった木造車60型の１両を、観光都市高松に相応しい外観にすることが決まり、未施工であった62を新設計の車体に交換、1953(昭和28)年10月に竣工した。高木 亙氏によると「当社にとっては一大イベントである10月の国体に必ず間に合わせるように社長から厳命され、毎日19時まで現場で働いた」とのことである。

特筆すべき点は、志度線としては初のパンタグラフ集電になったことと、運転席は前年に琴平線に登場した10000型(後述)より広いゆったりとしたコンパートメント式となり、車体は定員を増やすため車体幅を拡張、10000型のサイドビューに倣い、正面は当時の流行最先端の２枚窓(下部が開閉式)の湘南電車タイプとした。

塗装については、前年に72で湘南電車の塗分けを

京浜時代に履いていたテーラー台車を引き継いでいた当時の62号と70型74号。62は鋼体化時に車号の6と2が開いた標記になっていたが、晩年まで変わることはなかった。。
1960.3　瓦町　P所蔵：宮武浩二

ファンタンゴレッドに塗色変更した後の62号。阪神から来た30型（下巻掲載）が老朽化で廃車される代わりに、62と65は600V仕様に改造されて長尾線に転じた車両で、どちらも台枠利用の車体新造である。

1975.12.30　瓦町
P：荻原俊夫

試してみたが、印象が良くなかったのか、62は琴平線の10000型と同じ名鉄特急車に倣った関西塗料のマルーンとフロリダサンドというツートンカラーになった。この塗分けは1969（昭和44）年まで定着した。琴電にとっては戦後の大きい転換期にあったといえる。

また62に続き、同様に木造のまま簡易鋼体化もなされずに残っていた制御車の72についても、1960（昭和35）年に今橋工場で台枠を残して車体新造され、将来の志度線昇圧を考慮して手持ちの電機品を使い複電圧の電動車として竣工、電動車60型の追番である65とした。

外観は1957（昭和32）年に鋼体化した琴平線の2000型230に似たもので、側窓は２段窓のうち上段をHゴムで固定したいわゆるバス窓となり、屋根も扁平に仕上げられた、そのほかは62とほぼ同じ仕様の近代的な

62号室内に取り付けられていた改造銘板。「昭和二十八年　鋼体化改造　高松琴平電鉄今橋工場」とある。230号には「仏生山工場」とあって、両工場が車両改造の出来を競っていたことがわかる。

2018.12.22　P：宮武浩二

スタイルで、62・二代目21に続いてパンタグラフ付で登場した。台車はテーラーではなく琴平線の5000型が付けていた加藤製作所の組立式台車が使用されたが、のちに阪神から購入した川崎車輌製台車に振り替えられ、この台車は74を経てデカ１に転用された。

62に続いて、制御車72の台枠を使用して新造車体が造られた65。台車は当初加藤組立台車のバネ部分を改造したものが使用されていたが、阪神881型の台車に履き替え、この台車は後にデカ１に転用された。

1960.3　瓦町
P所蔵：宮武浩二

600V区間の長尾線に転用した後の65+62。どちらも車体新造による鋼体化車だが、比較すると曲線的な62と直線的な65とで車体の印象は異なる。
1976.1.25　花園　P：高橋　弘

62は後に正面２枚窓から貫通式になったが、例のコンパートメント式の運転室は面白いことに構造そのままに縮小されながらも保持されていた。最終的には2002(平成14)年まで生き続け、廃車後に高松空港に隣接する「さぬきこどもの国」に譲渡され、披露イベントでは設計者の高木 亙氏も列席して祝ったそうで、現役当時のまま休憩室に使用されている。

一方65は琴平線に転出し、2007(平成19)年に廃車された。こうして60型の歴史は終焉を迎えたが、テーラー台車だけは基礎ブレーキ装置を取り外して仏生山工場の仮台車として長く残されていたことも記しておきたい。

62+65+230からなる、車体新造鋼体化車による３両編成。長尾駅に留置していた62を営業列車に連結して瓦町に回送しているところで、車体新製年が異なることから３両それぞれ外観の印象が異なる。
1977.3　長尾　P所蔵：宮武浩二

特徴的な正面2枚窓から貫通式に改造され、標準的なイメージになった60型62号。
1989.3　瓦町検車区
P：宮武浩二

晩年期にはクリーム＋マルーンのいわゆる「レトロ電車色」に塗られ、2002(平成14)年まで活躍した62。現在は高松空港付近の「さぬきこどもの国」に保存されている。
2018.12.22
さぬきこどもの国
P：宮武浩二

仏生山工場で仮台車として用いられている60型由来のテーラー台車。載せられた車体は元京急初代1000形の琴電1080型。
2009.2.26　仏生山　P：宮武浩二

60型62号(保存車)に残る米・ウェスティングハウス製の主幹制御器。
2018.12.22　P：宮武浩二

兵庫電気軌道時代に製造された木造電車、山陽電鉄36形を譲り受けた80型。4両(81～84)が譲渡された。写真はYゲル時代の80型83号。正面は今橋工場で改造されている。当時使用されていた「今橋行」の行先表示板がホーム上に見える。　1954.4.8　瓦町　P所蔵：宮武浩二

●80型(81～84)

1949(昭和24)年に山陽電鉄から36形36～38・40の4両を譲り受け、81～84として整備竣工した。この電車、元は兵庫電気軌道が1921(大正10)年に日本車輌で製造した併用軌道でも走れるタイプであったが、山陽で1両(琴電82)が前面をフラットに改造した姿で入線した。

当初はポール集電であったがYゲルを経て晩年は景山式簡易パンタグラフであった。正面未改造の3両も1953(昭和28)年から木造のまま前面のみ鋼板張りとする改造工事が今橋工場で施工されたが、83は82は同じスタイルに、81・84は少し デザインを変えて細面なノーブルな前面となった。しかし木造車であることから、阪神からの車両が入ると廃車解体された。

景山式簡易パンタに交換された後の80型83号。正面は鋼板が張られているが、側面は木造のままである。　1961.1.31　八栗　P：高橋　弘

80型81号。80型は１両ずつ正面のデザインが異なる。
1960.3　瓦町
P所蔵：宮武浩二

82のみ正面は山陽電鉄で改造されていたため、他の車両もそれに倣って改造された。
1960.3　瓦町
P所蔵：宮武浩二

80型84号。81号と比較的近い外観である。
1960.3　瓦町
P所蔵：宮武浩二

東武鉄道より譲渡された7000型710号＋9000型910号。元はいずれも東武野田線の前身、総武鉄道からの引継車。
1961.1.31　仏生山付近　P：高橋　弘

●7000型（710・720）
●9000型（910→730→880）

東武鉄道野田線の前身である総武鉄道の電化開業用として、1929（昭和４）年に日本車輌で製造された。東武に合併された後は制御装置が異なることから、戦後に導入された63形の代わりに供出されたもので、電動車の710・720と制御車の910の計３両として琴電入りした。

入線に際しては台車の標準軌改造のみで、デッカーの制御器のまま使用したため琴電でも他車とは連結運転はできなかったが、琴電初の自動扉車、コンパートメント式の運転台などで運転士から喜ばれた。910は当初両運転台の制御車であったが、２両編成で運転するには１両不足することから、910の琴平側の運転台機器を東急から購入した京浜電鉄由来の木造車1510に移し片運転台となった。

東武から譲渡されて間もない7000型710。
1949.6　仏生山工場
P：亀井一男
（所蔵：宮武浩二）

7000型720号と元木造国電の6000型610号（38頁参照）。左に元貨車の11000型（上巻参照）が並ぶ。　1969.4.2　仏生山　P：荻原俊夫

1510は木造車体の旧型ながらも自動扉付に整備され720の相棒を務めたが、長尾線に去った後に短期間ながら610が720の相棒となったことがある。さらに1955（昭和30）年、山陽電鉄から購入した920が相棒に変わり、1510は志度・長尾線に去っていった。

1965（昭和40）年からの更新に際し910と710の車体が振り替えられたが、他車との混結ができないため4両編成で朝のラッシュ輸送に勤めた後、710・910が途中で分割されて仏生山折り返しに使われる運用となった。よって720・920は朝のラッシュ時のみの運転となって、なかなか乗れない電車でもあった。

1980（昭和55）年に制御器のHL改造が行われると、910も電動車化されて730となり、850・950・960といった制御車を従えて走るようになった。この時920はお役御免となり志度・長尾線に転属している。しかし車両の近代化が進むと次第に活躍の場も少なくなり、710・720は志度・長尾線に転属することなく廃車された。

残った730は再び制御車に改造され、880となって志度・長尾線用になったものの、ほとんど使われないまま仏生山駅南側の側線に放置されていた。しかし1996（平成８）年に車両不足になったことから車体更新されて現役に復帰したものの、名古屋市からの車両が入ると2000（平成12）年に廃車された。

7000型と同形の制御車、9000型910号。910は雨樋が原形のままである。　1960.3　P所蔵：宮武浩二

ファンタンゴレッドに塗色変更後の7000型720号。720号は車体更新後も総武鉄道時代の姿を残していた。1976.1.25　瓦町　P：高橋　弘

琴平線で３両編成を組む7000型730号。910号は電動車化改造により730号に改番された。これにより9000型という形式は消滅した。先頭(奥)より元山形交通×２、元南武(→国鉄)、元東武の編成。
P所蔵：宮武浩二

東武鉄道に残った総武鉄道引継車クハ225(RM LIBRARY 272『生まれ変わった東武旧型電車(中)』35頁参照)。側面窓配置に総武鉄道時代の面影が残る。　1965.12.19　八木崎
P：荻原二郎

国体開催を控え、三社合併後初の新造車として日立製作所に発注された10000型1001号。「こんぴら号」の愛称が付けられ、1959(昭和34)年の琴平線急行運転開始時には主力として活躍した。
1954.4.8　仏生山　P所蔵：宮武浩二

5．琴電の急行用車両

●10000型(1001・1002)

1952(昭和27)年に高松で開催される第８回国民体育大会に合わせ、三社合併後初めての新造車として琴平線に10000型が計画された。同時期に志度線用として車体新造車62(前述)を準備するなど、国体に対する琴電の力の入れ方がわかる。

10000型は日立製作所で製作、MMの２両固定編成で、1001が琴平向でパンタグラフ付、1002は高松築港向である。特筆すべきはその性能で、日立MMC多段式制御方式となり、複電圧装置、発電制動、弱メ界磁、主幹制御器はデッドマン機能が付くなど大手私鉄の新車並みの性能を持った車両であった。台車は日本で最初の地下鉄道である東京地下鉄道1000型のもので、車体幅も2,951mmと拡幅されたことから、導入に際して琴平線のホームを削り、在来車は全車ステップ付に改造した。

外観は正面貫通式で、真鍮製のアメリカ海軍の数字体で1001・1002と取り付けられ、精悍なスタイルであった。運転室はコンパートメント式、客扉は湘南電車のようなプレス扉、車内もゆったりとしたロングシート、２列に配置された青みかかった白熱灯灯具が並び、吊り手も東京地下鉄道1000型由来のバネで動作する鉄製の握り手を持つリコ式を取り付けた。

「こんぴら号」のヘッドマークを掲げた10000型1001号。長距離列車らしい、地方私鉄にしては洗練されたスタイルが特徴。
1961.1.31　仏生山　P：高橋　弘

内装は木目印刷の鉄製とし、連結面は両開きの貫通扉が付いた広幅貫通路とし着脱式幌であった。「こんぴら号」の愛称が付けられて正面貫通路には丸いヘッドマークを常時掲出していた。

車体色も最初はマルーンとフロリダサンドであったが、1959(昭和34)年３月に急行運転を開始するにあたり、他車両として区別するため下半分をオレンジ色に塗り替えた。車内も急行に相応しく２人掛けのバス用椅子を固定で11脚取り付け、1001が琴平向き、1002は高松向きになっていた。

当時琴電の急行運転は10000型と後述の12000型が使用され、高松築港発5：58、10：58、16：58、琴平発が8：17、11：47、18：17の３往復となり、１列車で運用ができた。停車駅も高松築港を出ると瓦町・栗林公園を出ると琴平までノンストップで40分運転となった。早朝に運転するのは別府大阪航路の関西汽船夜行便で高松に到着した船客に便宜を図ったためで、そのため高松築港桟橋前には朝食を提供する食堂が並んでいたものである。

準急運用に就く10000型1002号。運行標識板の右上に赤字で「準急」の文字が入ることにより、「高松築港」の文字が少し左にズレるので判別できる。1002号はパンタグラフがないが、トレーラーではなく制御電動車である。
1975.12.30　仏生山　P：荻原俊夫

琴平線急行運転開始時のパンフレット。1日3往復で片道41分。
資料所蔵：宮武浩二

急行列車の運転時に掲げられた、鷹が羽を広げたデザインのヘッドマーク。羽が上がって見えるものは1010型に常備されていたもの。　所蔵：高松琴平電気鉄道　P：宮武浩二

1953(昭和28)年のダイヤ改正以降、高松築港駅は1番ホームが1,500V、2番ホームが600Vとして使い分けられていたので、急行は高松築港駅に到着後一旦南側の引上げ線(現在撤去)に退避して待機、急行発車の時は後続の普通電車が1番ホームの奥に入った後、1番ホームの後部に入れて乗車取り扱い後、普通より先に発車するという、現在京阪淀屋橋駅で行われているような運用が行われた。このほか畑田駅と陶駅間に信号所(現在撤去)を設けて上下線の離合、琴平駅到着後は北側引上げ線で待機するという運用であった。

急行列車には、鷹が羽を広げたデザインのヘッドマークが付き、側面も車体の中央部に青地に白文字で「高松築港⇔琴電琴平」のサボが付けられ、急行の体裁は整えていた。特別料金は不要で、高松築港を出ると次は栗林公園駅で、それ以降は琴平まで直行運転となり、各駅を徐行なしで通過した。途中の踏切も遮断機が下りると同時に電車が通過、琴平駅まで40分掛からない猛スピードであった。

準急運用の10000型1001＋1002号。前面の「こんぴら号」ヘッドマークと側面のサボは撤去され、アメリカ海軍タイプの切り抜き文字の番号は取り換えられている。
1975.12.30　仏生山　P：荻原俊夫

仏生山で休む10000型1001号。
1976.1.25　仏生山
P：高橋　弘

琴電と競合路線である国鉄は、関西からの接続を宇高連絡船と土讃線の接続で利便性は上回っていたが、琴平側は琴電琴平駅の方が金毘羅宮に近いため、国鉄より速い琴電の40分運転は四国支社の幹部も相当意識していたとのことである。

急行運転は昭和40年代まで続いたが、その後乗客の減少に合わせ時刻と停車駅を見直し、準急運転となった。10000型も車内をロングシートに改造、外部色も一般車並みとなった。朝のラッシュ時は他車との混結を行われるようになり高松築港から仏生山間はHL車側に運転士が乗り込み、２人で協調運転していた。

1972(昭和48) 年に車内灯が蛍光灯化され、リコ式の吊り手も普通の吊り手に交換された。余談だがこのリコ式吊り手の一部は高松市内の喫茶店の装飾として転用された。1980(昭和55) 年にHL制御に改造され、1001に４個モーターを取り付けたほか、1002は制御車となった。

琴電に新しい風を吹き込んだ10000型も、1986(昭和61)年に廃車となった。

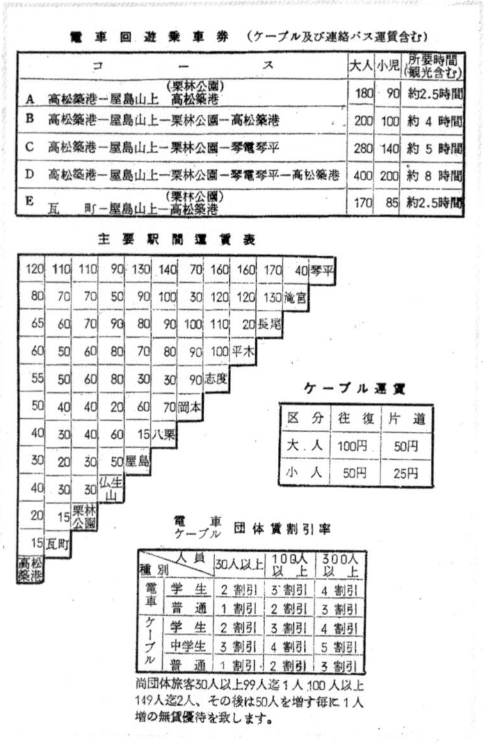

電車回遊乗車券（ケーブル及び連絡バス運賃含む）

	コース	大人	小児	所要時間(観光含む)
A	高松築港ー屋島山上 (栗林公園) 高松築港	180	90	約2.5時間
B	高松築港ー屋島山上ー栗林公園ー高松築港	200	100	約 4 時間
C	高松築港ー屋島山上ー栗林公園ー琴電琴平	280	140	約 5 時間
D	高松築港ー屋島山上ー栗林公園ー琴電琴平ー高松築港	400	200	約 8 時間
E	瓦　町ー屋島山上ー(栗林公園)高松築港	170	85	約2.5時間

主要駅間運賃表

120	110	110	90	130	140	70	160	160	170	40	琴平
80	70	70	50	90	100	30	120	120	130	滝宮	
65	60	70	90	80	90	100	110	20	長尾		
60	50	60	80	70	80	90	100	平木			
55	50	60	80	30	30	90	志度				
50	40	40	20	60	70	岡本					
40	30	40	60	15	八栗						
30	20	30	50	屋島							
40	30	30	仏生山								
20	15	栗林公園									
15	瓦町										
高松築港											

ケーブル運賃

区分	往復	片道
大人	100円	50円
小人	50円	25円

電車
ケーブル 団体賃割引率

種別	人員	30人以上	100人以上	300人以上
電車	学生	2割引	3割引	4割引
	普通	1割引	2割引	3割引
ケーブル	学生	2割引	3割引	4割引
	中学生	3割引	4割引	5割引
	普通	1割引	2割引	3割引

尚団体旅客30人以上99人迄１人100人以上149人迄2人、その後は50人を増す毎に１人増の無賃優待を致します。

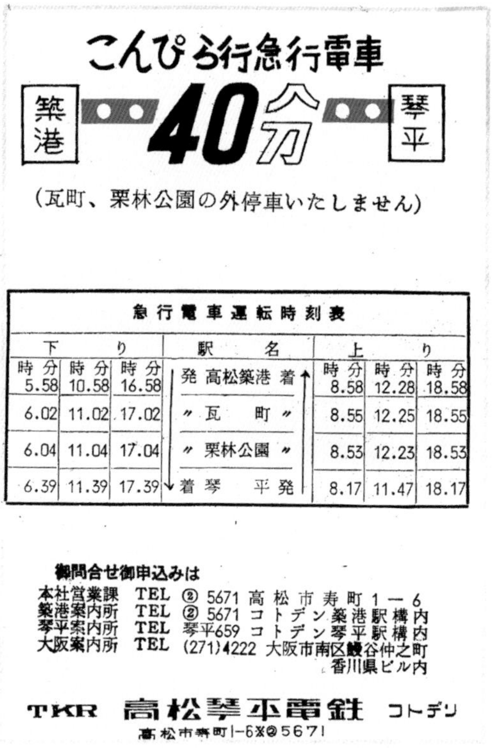

こんぴら行急行電車

築港　40分　琴平

（瓦町、栗林公園の外停車いたしません）

急行電車運転時刻表

下り			駅名	上り		
時 分	時 分	時 分		時 分	時 分	時 分
5.58	10.58	16.58	発 高松築港 着	8.58	12.28	18.58
6.02	11.02	17.02	〃 瓦町 〃	8.55	12.25	18.55
6.04	11.04	17.04	〃 栗林公園 〃	8.53	12.23	18.53
6.39	11.39	17.39	着 琴平 発	8.17	11.47	18.17

御問合せ御申込みは

本社営業課　TEL　② 5671　高松市寿町１ー６
築港案内所　TEL　② 5671　コトデン築港駅構内
琴平案内所　TEL　琴平659　コトデン琴平駅構内
大阪案内所　TEL　(271)4222　大阪市南区鰻谷仲之町香川県ビル内

TKR　高松琴平電鉄　コトデン
高松市寿町1−6 ※② 5671

琴平線急行電車運転のパンフレット。時刻表・運賃表などが掲載されている。　資料所蔵：宮武浩二

紆余曲折を経て新製された1010型1011+1012号。急行運転が廃止されるとクロスシート車だけに持て余し気味となり、仏生山の折返し運転に使用された。
1976.1.25 瓦町 P：高橋 弘

●1010型(1011・1012)

10000型製造の後、さらにもう1列車観光電車を増備することになり、帝国車両に車体を鋼体のみ発注、電装と内装は仏生山工場で行うことし1955(昭和30)年に車体が到着した。設計は琴電の高木 亙氏が担当、車体はプレス物による張殻構造とし、要所には高抗張力鋼を用い、正面2枚窓の湘南タイプで、高木氏によると「次の新造車両は琴平線の急行運転に使用、売店なども車内に設置するよう設計してほしい」と景山常務から指示があり、台車も営団から手配、即工事に掛かっていたところで異動命令があって「この電車は4ヶ月ほどで仕上げる予定であったが、まさかの系列会社への転出命令で続けることができなかった。」とのことである。

竣工間近の1011+1012号。長らく鋼体の状態で放置されていたが、1959(昭和34)年から工事が再開され1960年に完成した。
1960.3 仏生山
P所蔵：宮武浩二

ヘッドマークを掲げ急行列車で運用する1010型。急行運用を解かれた後は日中の区間運転に従事していた。
1958年　P：沖中忠順
（所蔵：宮武浩二）

その後5000型を電装化するにあたり、1010型用に確保していた台車が5000型に転用され、これが元で完成の目途が立たなくなった。さらに追い打ちをかけるように1955（昭和30）年5月11日に宇高連絡船紫雲丸の沈没事故が起こり、168名の犠牲者を出したことで四国を訪れる観光客は大幅に減少、そのあおりを受けて琴電も観光部門を中心に大打撃になったことも、1010型の竣工をさらに遅らせる結果となった。

車両担当者が変わったことで当初の設計思想も変わり紆余曲折の中、新型台車などの採用も模索した時期もあったが、結局は近代的な車体に似合わない国鉄の払い下げ台車を装備して1960（昭和35）年にようやく完成した。

制御装置は日立製の単一ハンドル操作の多段式制御器で電気ブレーキと空気ブレーキを備えたが、どの車両とも総括運転ができない琴電の中でも特殊な存在となった。車体は全室運転台となり、側面は1,150mmの幅広の窓が扉間に７個、窓位置に合わせた固定クロスシート、窓ガラスもブルーベンガラスを備え国鉄の急行電車並みの居住空間を作った。豪華だったのは天井に２列ついたアクリルカバー付きの蛍光灯で、そのカバーには車内スピーカーや通風口も備えていた。設計当初は連結面に売店コーナーが予定されたが、これは実現せずその位置はラッシュ対策としてロングシートと吊り手が取り付けられた。連結面に窓がないのはそのためであった。

外部塗装はフロリダサンドにオレンジ色となり、10000型も同じ塗装に変更された。急行運転をアピールする効果を考えて鷹が羽を広げたようなデザインの急行ヘッドマークが用意された。「こんぴら２号」の愛称が付けられ、10000型も「こんぴら1号」とされた。笛も国鉄DF50形と同じホイッスルを採用、甲高い音色は1010型とすぐわかるものであった。

仏生山駅３番線で出発を待つ1010型1012＋1011号。　1969.4.2　P：荻原俊夫

琴電発行の観光パンフレット「周遊コースさぬき路」。フラッグシップである1010型急行の写真が掲載されている。

その後琴平線のラッシュ時の混雑が激しくなり、急行が廃止されると1010型は次第に仏生山折り返しのローカル運用となったが、1972(昭和47)年にシートを阪急電車と同じゴールデンオリーブ色のものに変更、枕カバーを付けるなど手を加え、国鉄の優等車についていた扇風機を取り付けて観光電車に復活させた。

しかし固定４人掛けの座席とあって運輸部門も持て余し気味で、仏生山の側線で眠る日々が続いた。そこでせっかくの大型車体ということで1979(昭和54)年に更新が行われ、制御装置のHL改造、正面を貫通型に大改造、さらには1983(昭和58)年に台車の更新により琴電初の空気ばね式台車に変更したが、車体との相性はよくなかったようである。2003(平成15)年に廃車された。

■高松琴平電気鉄道「こんぴら２号」のパンフレットとその内容

資料所蔵：宮武浩二

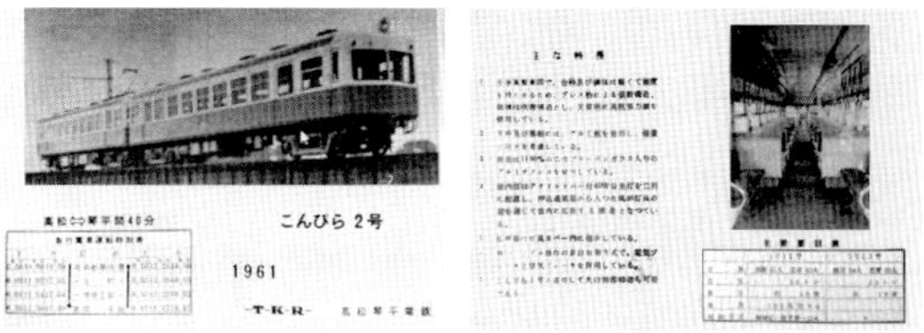

こんぴら２号　1961

-T-K-R-　高松琴平電鉄

主な特長

1. 全金属製車両で、台枠及び鋼体は軽くて強度を持たせるため、プレス物による張殻構造、側構は吹寄構造とし、又要所に高抗張力鋼を使用している。
2. 天井及び幕板には、アルミ板を使用し、軽量と防火を考慮している。
3. 側窓は1150mmの広巾ブルーペンガラス入りのアルミサツシュを使用している。
4. 室内灯はアクリルカバー付40W蛍光灯を二列に配置し、押込通紙器から入った風が灯具の室を通じて室内に拡散する構造となっている。
5. 拡声器は状具カバー内に包含している。
6. 単一ハンドル操作の多段制御方式で、電気ブレーキと空気ブレーキを併用している。
7. こんぴら１号と連結して大口旅客輸送も可能である。

■主要要目表

	1011号	1012号
定　員	座席61人 立席60人	座席64人 立席60人
自　重	36トン	29トン
長　さ	約18米	約18米
出　力	180馬力×4	
制御方式	MMC-HTB-10A	〃

晩年期の1010型は正面貫通化、ロングシート化の改造、さらには新性能化され台車も新造の住友FS522空気バネ台車に交換され、今後の活躍が期待された。

1989.3　仏生山

P：宮武浩二

富士身延鉄道由来の買収国電を譲り受けた12000型1201＋1202号。「りつりん号」の愛称で、当初は琴平線の急行列車を中心に活躍した。
1976.1.25　仏生山付近　P：高橋　弘

●12000型（1201・1202）

琴電では急行電車として使用できる中古車両を探して、国鉄から買収国電（元富士身延電鉄）のモハ1202とクハニ7202を1958（昭和33）年に購入した。モハ1202は1927（昭和２）年に、クハニ7202は1928（昭和３）年にいずれも日本車輌で製造された車両である。

モハ1202は固定クロスシートで国鉄時代に片運転台に改造されており、1953（昭和28）年に豊川分工場更新のプレートが付いていた。一方クハニ7202は新造当時便所の付いたクハユニという合造車であったため扉配置が偏っており、連結面側の扉はステップ付、荷物室の扉を客扉に転用した側はステップが付いていなかった。

急行「りつりん」のヘッドマークを掲げた12000型1201号。２扉固定クロスシートという長距離列車向けの仕様は、琴平線の急行列車用として適任であった。
1960.3　瓦町　P所蔵：宮武浩二

1201の相方となる制御車1202。本来合造車であったため扉配置は1201と大きく異なり、前後非対称となっている。旧郵便室の扉は閉鎖されたが、屋根上の水切りは残されているので扉の位置はわかる。また郵便室の保護棒もそのまま残されていた。
1960.3　瓦町　P所蔵：宮武浩二

琴電ではモハ1202を仏生山工場で整備し1201に改番、クハニ7202は日本車輌に送られて荷物室を撤去、車体の中央部に売店コーナーを設置、1202とした。固定クロスシートで、カラーもクリームに赤色の強いツートンカラーに白線を入れた特別塗装を施し、「りつりん号」の卵型の愛称ヘッドマークを付けて急行運転に使用した。

1202の車体中央に作られた売店は、当初女性の店員を置いて営業を開始したが、旅行客は関西汽船など大阪や九州から早朝に高松港に到着する船客が多かったため売店での販売は伸びず、琴平駅と高松築港駅の売店で十分であるとして早々に営業は打ち切られた。売店は撤去されたが、旧売店部分の天井には商品を入れる戸棚が廃車時まで残されていた。

1202の室内に設けられた売店スペース。売店の営業は長く続かず後に撤去され、ロングシートに改造された。入口脇の箱には扉開閉装置が入る。
1958年
P：沖中忠順（所蔵：宮武浩二）

12000型が急行運用に就く際に掲げられた、卵型デザインの「りつりん号」ヘッドマーク。
所蔵：高松琴平電気鉄道　P：宮武浩二

1202号室内の乗務員室仕切板。旧郵便室の扉を使用したため、「郵便差入口」の表示が残っていた。
1958年　P：沖中忠順(所蔵：宮武浩二)

1202号の室内全景(前位側から)。乗務員室側はロングシート、売店を挟んで後位は固定クロスシートとなっている。
1958年　P：沖中忠順(所蔵：宮武浩二)

1202号の室内全景(後位側から)。売店の手前には固定クロスシートが６組配置されている。
1958年　P：沖中忠順(所蔵：宮武浩二)

この編成は、琴電唯一のステップ付かつ扉も両端にあって混雑時には詰込みが効かず、また1202の中央の扉はステップがないため乗降には段差が高く、琴電向きとは言えなかった。よって朝夕の準急運転一往復のみに運用され、昼間時は琴平駅に留め置きというダイヤに固定されたが、保線班から仏生山〜琴平間は車体が重く線路が傷む(犬釘が抜ける)ということで、朝の仏生山発高松築港行き一往復の折り返し限定とされた。1981(昭和56)年に廃車された。

1202号室内の固定クロスシート。窓脇の小テーブルや吸い殻入れなど、当時の国鉄車両に準じた設備を持つ。各座席に掛けられたビニールカバーが優等列車らしさを演出する。
1958年　P：沖中忠順
(所蔵：宮武浩二)

他車と混結し４両編成を組む晩年期の12000型。朝のラッシュ運転に仏生山から高松築港まで、5000型２両を従えて平日1往復するのが晩年の日課であった。
1977.3　高松築港ー片原町
P所蔵：宮武浩二

固定編成を組む1010型1011+1012を結ぶ貫通幌。琴電で幌で貫通させた編成としては初期のもの。
1989.3
P：宮武浩二

Column4　琴電における貫通幌について

車両間を渡す貫通幌の採用に関しては、戦後新製された10000型の広幅貫通幌が最初である。続いて国鉄から払い下げられた元買収国電の12000型、自社で完成させた1010型のいずれも着脱式幌であった。

琴電としては固定編成に限って幌を取り付けていたが、行政から車両の不燃化とともに車両間を行き来できるようにも検討するように指導があって、京急から購入して鋼体化した10型と90型で着脱式の幌枠が6両すべてに取り付けられた。しかし実際には一度も幌の取り付けは行われず、その幌すら工場や検車区で見たことはなかった。

次に国鉄から払い下げられた810・820については、連結面に国鉄型の幌枠台座が付いていたにも関わらずまったく幌を付けず(晩年になってようやく幌付となった)、続いて阪神881型を16両購入した時は幌を常時使用することになった。阪神の場合は連結面全てに吊り下げの幌が付いていて簡単に脱着ができたからであろう。

1972(昭和47)年に再び幌について動きがあり、琴平線の130に築港側に吊り幌の金具が取り付けられ、23にも築港側に脱着型の幌枠が取り付けられた。聞いてみると検討するように指示があったそうだが進展しないまま結局は沙汰止みとなって、金具もその後撤去された。

当時の車両運用は連結開放が多く、仏生山や瓦町駅での連結開放時に幌の脱着ができる時間がなかったのと、各車両の貫通扉が開き戸であったり引き戸であったり共通化していなかったことも原因と思われる。幌付の車両であってもつい最近まで貫通路に「車両間の移動は御遠慮ください」と書かれたプレートが付いていたので、走行中の揺れもあって積極的に車両間の移動は推奨していなかったようだ。

元京浜電鉄の木造車を鋼体化した10型の前面に設けられた着脱式の幌枠。実際に幌が使われることはなかった。
1977.8　P：宮武浩二

阪神からの譲渡車30型は当初より貫通幌を使用して運転された。
1977.3　仏生山　P所蔵：宮武浩二

京急から譲渡された木造車21号。半流線型状の前面と外吊扉が特徴的であった。木製のステップは乗降が激しかったのか、摩耗しているのがよくわかる。窓は上段固定、下段は下降式である。
1960.3　瓦町　P所蔵：宮武浩二

6.　1950年代の譲渡車

●21（21→66）

1952（昭和27）年に京浜急行電鉄から木造車デハ113を購入した。車両不燃化を進めている最中での木造車の購入は、国体での臨時輸送のためと考えられる。1926（大正15）年に日本車輌で製造されたとあるが、実際は1906（明治39）年に京浜電鉄の京浜間開業に際し製造された１形1～25の仲間で、台枠を利用して車体を作り替えたものである。

外観は正面５枚窓で、幕板が少し湾曲した京浜独特のスタイルを持ち、片側３ヶ所の外吊扉が特徴であった。当初よりパンタグラフ付であった。

同じ京急由来の木造車であった60型よりも車体がしっかりしていたことから志度線の主力車として活躍したが、1964（昭和39）年に近畿日本鉄道から購入した5621～5624（→琴電21～24）に番号を明け渡し、60型の追番となる66に改番された。しかし台枠も木造で鋼体化もできないことから、車両不燃化推進のため1966（昭和41）年に廃車解体された。関係者によると、外吊扉は外れそうで外れないうまくできた構造であったと感心していた。

木造車21号は国体輸送でのピンチヒッター的な役割が大きく、鋼体化されることもなく10年余りで廃車解体された。
1961.1.31　瓦町
P：高橋　弘

宮城電気鉄道由来の買収国電を譲り受けた2000型。木造の制御車として入線、230と220は後に鋼体化されたものの、210は木造のまま廃車された。
1961.2.1　滝宮
P：高橋　弘

●2000型(210・220・230)
●60型(67←220)

仙石線の前身である宮城電気鉄道が、1926(大正15)年に日本車輌で製造した木造制御車クハ300形(301～303)がルーツで、国鉄に買収された後も仙石線で活躍したが、1953(昭和28)年に3両揃って琴電に払い下げられた。

琴平線の制御車として当初は台車(ブリル)を標準軌改造したのみで、5000型を電動車に改造した穴埋めに1000・3000・5000型の制御車として活躍した。

元宮城の220号は1965(昭和40)年に鋼体化・電装され、制御電動車67号として生まれ変わったが、鋼体化後も窓配置などに木造車時代の面影を色濃く残していた。
1961.1.31　仏生山
P：高橋　弘

側面から見た鋼体化前の220号。木造車ながら製造当初よりシングルルーフであった。
1954.4.8　仏生山
P所蔵：宮武浩二

元宮城の230は、種車の屋根と台枠を利用して鋼体化され、当時製作中の「こんぴら２号」の影響を強く受けた、Hゴムを多用した姿となった。ただ床下のトラス棒は鋼体化後も存置されていた。
1969.4.2　仏生山　P：荻原俊夫

1957(昭和32)年に230を仏生山工場で屋根と台枠を利用して鋼体化、側窓は65と同様のバス窓タイプとなり、前面には貫通扉を設けた。さらに1965(昭和40)年には220も鋼体化、合わせて阪神電鉄から購入した台車と電動機を使い、電動車として67に改番の上、志度線に投入された。外観は230とは異なって旧220の木造車時代に近い形態のまま鋼体化した姿となり、その後はほとんど改造されることなく平成まで生き続けた。

残った210は、宮城電鉄の特徴であった前面中央窓が大きい独特の姿を残し、ニス塗りの車内のまま琴平線で使用されていたが、鋼体化のタイミングを逃し、他社からの転入車が増えると木造車のまま廃車された。車体の連結側1/3は民家の倉庫に転用され志度線大町駅付近にしばらくあったが、現存していない。

230はのちに志度線に転じて67と編成を組んだ時期もあったが、外観的には同じ宮城電鉄同志の67よりバス窓の65の方が似合っていた。230が1999(平成11)年に、67は2002(平成14)年に廃車された。

元宮城の220号は1965年に鋼体化・電装し67号に改番された。230号と同様に屋根と台枠を使用した鋼体化ながら、外観は木造車体の面影を残していた。
1969.4.2　今橋　P：荻原俊夫

鋼体化されファンタンゴレッドに塗り替えられた元宮城 の230号。1999(平成11)年まで活躍が見られた。
1977.3　瓦町
P所蔵：宮武浩二

60型67号は鋼体化後も古風なスタイルであったが、運転台が広いことから乗務員には好評であった。台車は鋼体化と電動車化の時に阪神電鉄から購入したものに交換されている。
1977.3　瓦町　P所蔵：宮武浩二

■車両竣功図表　形式称号2000　記号番号230　高松琴平電気鉄道　　資料所蔵：宮武浩二

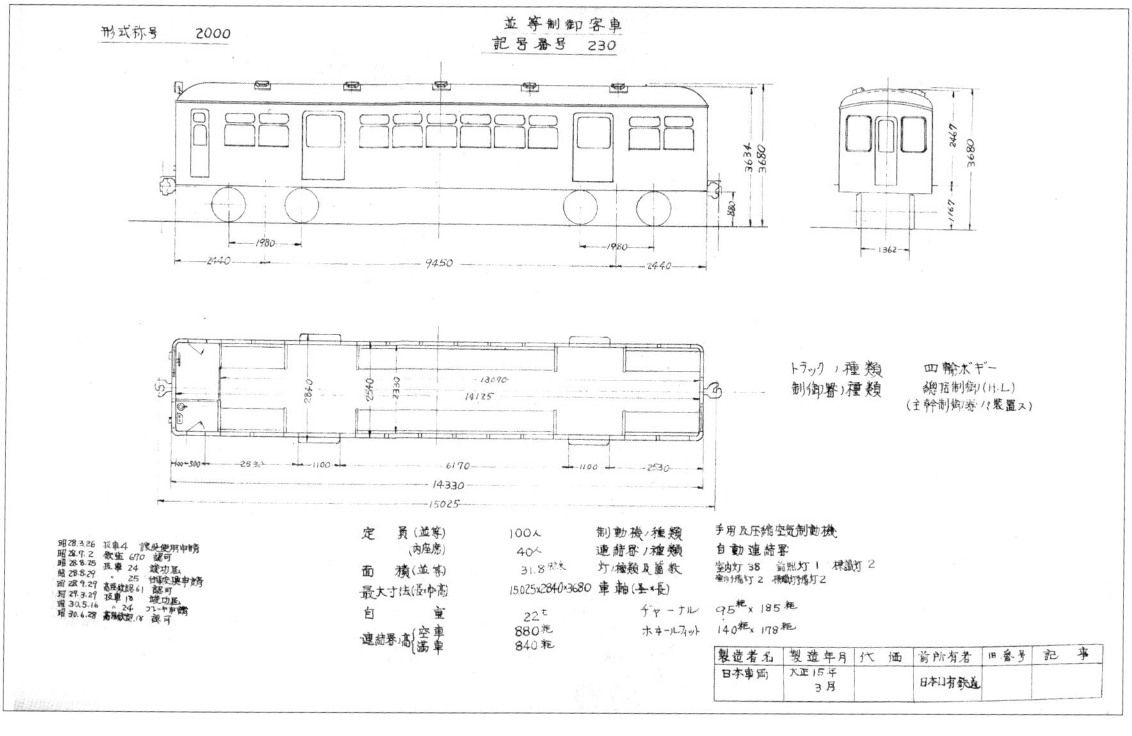

琴平の観光名所のひとつ、高灯篭を背景として琴電琴平駅に入線する5000型500号(右)と6000型610号(左)。
1961.2.1　琴電琴平　P：高橋　弘

鋼体化前の6000型610号。床下にトラス棒の残る、典型的な元木造国電の外観であった。　1954.4.8　瓦町　P所蔵：宮武浩二

●6000型(610・620)

1953(昭和28)年に国鉄から２両の木造国電の払い下げを受け、台車の標準軌改造をした程度で610・620として使用開始された。電装化改造した5000型の制御車として、琴平線で木造のまま使用されたが、1960(昭和35)年に610が琴平駅の側線での入換中に車止めを突破して中破したため、これを機会に610のみ仏生山工場で鋼体化改造が行われることになった。

木造国電を譲り受けた6000型620号。同車は鋼体化されることなく、木造のまま廃車された。　1961.2.1　琴電琴平　P：高橋　弘

鋼体化された後の6000型610号。木造車時代の基本寸法のまま鋼体化されたため、最後までダブルルーフの残る貴重な車両であった。
1961.2.1　琴電琴平　P：高橋　弘

改造は木造車時代の基本寸法のままで、屋根はダブルルーフを生かして二段になっていた上部の明かり窓の部分を閉塞しキャンバス張りとし、この空間に送風ファンを仕込んで夏場対策に一役買うように計画され、一段目に天井を作ったため重苦しい車内空間となった。残念ながら送風ファン装置は実用化せず、天井の空間スペースがないので扇風機は設置されなかったが、送風ファン計画の名残で天井板は風が通りやすいパンチングメタル鉄板であった。

1969(昭和44)年頃には7000型の制御車に充てられたこともあったが、その後長尾線の朝だけのラッシュ運用となり、1983(昭和58)年に廃車された。

一方、620は国電時代の姿で、車内もニス塗りのまま22の相棒に使用されたが、木造車追放の波に1965(昭和40)年に廃車された。木造省電の姿を伝える車両だけに解体は惜しまれた。

晩年期の6000型610号は長尾線の朝一回の増結用に使用するだけで、日中は瓦町検車区で昼寝する姿が常であった。
1975.12.30　瓦町検車区　P：荻原俊夫

神戸姫路電気鉄道の木造車1形を出自とする琴電の制御車70型74号。側板に鉄板が貼り付けられているものの、種車の面影を存分に残している。台車は加藤組立台車に振替られた。
瓦町　P所蔵：宮武浩二

●70型(74) ／ 920型(920)

1955(昭和30)年に、山陽電鉄で車体更新をするにあたり余剰となった2両分の旧車体(1003・107)を購入して、琴電で制御車74と920としたものである。

74の出自である山陽1003は、山陽電鉄明石以西の前身である神戸姫路電気鉄道(神姫電鉄)時代の1形木造車がそのルーツで、1923(大正12)年川崎車輌製。山陽電鉄となった折に車体が大きすぎることから別の車体を新製したものの、旧車体は比較的新しかったこともあり車庫に保管された。一部は近江鉄道に譲渡され、残りはそのまま保管されていたが、戦時中の車両不足によりこれらの車体の活用が考えられ、自社で車体幅を狭くするという前代未聞の改造が行われて復活、電動車として76→114、戦後は制御車化されて1003へと改番を繰り返した。

一方、920の出自である田中車両製の山陽107は、宇治川電気51形64として1928(昭和3)年に竣工、昭和初期の半鋼製の特徴としてリベットが多く、屋根はお椀型ベンチレーター付きであった。車内は美しいニス塗りでホーロー挽のHポールであった。

琴電74の種車(と同形)の神戸姫路電気鉄道1形(10号)。窓配置など極めて原形に近いことがわかる。

P所蔵：宮武浩二

宇治川電気の半鋼製車51形を出自とする琴電の制御車920号。写真の時点ではブリル台車を履いている。　1969.4.2　仏生山　P：荻原俊夫

山陽ではこの1003と107とで編成を組んでいたが、木造車淘汰の流れにより両者の車体がそのまま琴電に買い取られた。

1003は琴電74として、60型の制御車となった。改造は少なく車体の腰板部のみ鋼板張りに改造、5000型が履いていた加藤製作所の組立台車を履いて志度・長尾線で活躍した。車体幅を狭めたために屋根の中央が少しとがって見えた。1967(昭和42)年に阪神からの車両に追われて廃車となり、今橋工場で放置されていたが、1972(昭和47)年に復活計画が練られて検査の工程表にまで上げられた。しかし琴平線に元名鉄車(1020型)の増備が決まり、琴平線から志度線への1000型転出で沙汰辞みとなって二度目の復活はならなかった。

一方、107は入線に際して1510の主幹制御器を取り付け琴電920として、東武から来た7000型の制御車とした。台車は2000型が履いていたブリル台車を使用、台車の取り付け位置が内側に寄っていたためポイントを渡るときに車体の動きが面白く、現場では「こんにゃく電車」との愛称があった。7000型のHL改造で志度・長尾線に転じたが、中央運転台であったことから使い勝手が悪く、1983(昭和58)年に廃車された。

琴電920の種車(と同形)の山陽電気鉄道100形(111号)。幅の狭い車体に山陽時代の面影が残る。
1958年　的形
P：大須賀一之助
(所蔵：宮武浩二)

運転台移設前の74。　1957.3.28　琴電屋島　P：篠原　丞

74の連結面。入線当初は瓦町方に運転台があったが、しばらくして志度方に運転台を移動している。そのため連結面側にも運行板の取付台座の跡や前照灯の撤去跡が残っている。

1969.4.2　今橋車庫　P：荻原俊夫

920号は台車が内寄りに付いているため連結面間が広く、渡り板が隣の720に届いていないのがわかる。ゆえに中間車として連結することはなかった。

1961.1.31　仏生山　P：高橋　弘

仏生山駅構内に並んだ920号、1010型1012号、1000型120号。正面から見ると、他形式に比べ920号の幅の狭さが際立つ。

1969.4.2　仏生山　P：荻原俊夫

元京急の木造車クハ120形を譲り受け、種車の特徴を受け継ぎ鋼体化された琴電10型11号。　1969.4.2　瓦町　P：荻原俊夫

●10型(11・12)／90型(91～94)

1959(昭和34)年に京浜急行電鉄で不要になった木造車クハ120形6両を購入して、これらの台枠と台車を利用して今橋工場で鋼体化したもの。元をただせば京浜電鉄で最後に新製された木造車両デ41形で、「トンボ電車」と言われた京浜電車が琴電に集まることになった。

琴電では車体を鋼体化して使用することになり、屋根と柱部分をそのまま利用することにした以外は新製された。改造に際して貫通式とすること及び貫通幌を取り付けるように注文が付き、それにより極端に運転席が狭く、Hポールの付いた運転席が客室に飛び出したような姿になったため、混雑時は運転士と乗客の体が接触するような状態となり、運転士からは極端に嫌われていた。一番運転席に近い扉は幅が詰められて、その後ろの座席も短縮したのでドアエンジンのケースカバーがむき出しとなった。客室も国鉄103系を思わせる網棚と吊り手となったが、天井が低いために後年の扇風機の取付は見送られている。

京急時代のクハ120形(124)。車体は琴電に譲渡され90型(93)となったが、車籍は京急初代600系列(後のデハ400形など)に改造名義で引き継がれている。
1956.5　大師線塩浜　P：大須賀一之助(所蔵：宮武浩二)

種車として搬入された京急クハ120形の廃車体(121、後の琴電92)。京急での休車期間が長かったため、かなり傷んだ状態で琴電入りした。
1960.3　P所蔵：宮武浩二

琴電10型11号(前頁の反対側より)。木造車時代のデザインを色濃く残すが、スマートな種車の形態を受け継いでいる。
1969.4.2　瓦町　P：荻原俊夫

鋼体化に際し６両中２両は電動車10形(11・12)となり、他の４両は制御車のまま90形(91～94)となった。改造は126→91、121→92、124→93、127→11、123→94、128→12の順に行われ、最初の91号は下段上昇式の二段窓で運転台窓も木製、92号は種車の窓枠をそのまま使用したため上辺が円を描いていたものと新しいものが混在していた。93号以降は客窓はアルミサッシとなり近代的になった。

ファンタンゴレッドに塗色変更後の10型11号(次位は12号)。客扉が極端に前後に広がっているため、運転席の狭さは外観からでも窺える。
1977.3　瓦町検車区　P所蔵：宮武浩二

同様に塗色変更後の10型12号(次位は11号)。扉のガラス窓の大きさやパンタグラフの違いで両車は判別できる。正面雨樋のカーブは本来行先表示を避けるためだが、結果的に貫通化の際に設置された幌枠を避けることにもなっている。
1977.3　瓦町　P所蔵：宮武浩二

新川を渡る琴電90型91号+60型65号。91は90型で唯一側窓が木製の２段窓とされている。
1969.4.2　潟元－春日川
P：荻原俊夫

10型の台車は11・12が片側は阪神から購入した片締め式ボールドウィンタイプで、反対側の台車はテーラーという変則的な形で竣工。のちに台車は阪神からの台車に統一された。90型の台車は91・92がブリルタイプで、93・94は5000型用の加藤組立台車であったことから乗り心地が悪く、屋島駅に留置される日々が続いたが、阪神車の廃車が始まるとボールドウィンタイプに交換され、第一線に復帰した。

しかしそれもつかの間で、琴平線から5000型・20型が転入してくると運転席が狭いことから主力を退き、1980(昭和55)年と83(同58)年に廃車された。貫通幌については一度も装着されることはなかった。

余談ではあるが90型の運転席のHポールと10000型についていた東京地下鉄道の1000型譲りのリコ式吊り手など廃品が高松市内通町の喫茶店で再利用された。

90型92号は前面開閉窓が木製２段窓とされたほか、側窓は木製１段窓とされている。　1969.4.2　琴電屋島－潟元　P：荻原俊夫

90型のうち写真の94号および93号は、10型(11・12)と同様、側窓がアルミサッシ1段窓とされている。また写真の時代では台車が5000型由来の加藤組立台車となっている。
1975.12.30　瓦町
P：荻原俊夫

瓦町駅を出発、志度線の今橋に向かいカーブを走る90型93号＋3000型315号。志度線の線路が他線と分断された現在では見られない光景。
1969.4.2　瓦町－今橋　P：荻原俊夫

瓦町駅構内の情景。４番線に長尾線瓦町止まりの元阪神30型33号、３番線に志度線八栗行の90型94号が並ぶ。志度線はこの瓦町駅３番線に入線後、志度方面と高松築港方面とで向きを変えていた。
1969.4.2　瓦町　P：荻原俊夫

今橋工場での鋼体化改造の例。元京急クハ120形の台枠と骨格を使い、鋼板を張ることで鋼体化を行った琴電10・90型。
1961.1.31　P：高橋　弘

Column5　琴電における車体鋼体化・車体新造について

琴電の車体鋼体化は、1951(昭和26)年に京浜電鉄由来の木造車61を半鋼製に改造したことに始まる。61の車内には「鋼体化改造 今橋工場 昭和26年」の自家製プレートが誇らしく取り付けられた。続いて1953(昭和28)年に今橋工場で鋼体化した62はほぼ新造に近い鋼体化工事となり、鋼板を電気溶接と鉄板を球状に加工する技術や車内に使用する木材の調達、加工の技術も習得できたことから、1010型「こんぴら２号」の車体製作に弾みがついた。

仏生山工場での鋼体化改造の例。宮城電鉄由来の元買収国電を屋根・台枠の利用で鋼体化した琴電2000型230号。
1957年頃　P：沖中忠順(所蔵：宮武浩二)

引き続き60型の簡易鋼体化、65の車体新造、10型・90型の車体鋼体化を６両行うなど、今橋工場の技術は素晴らしいものであった。一方、仏生山工場の鋼体化は230・610・220(→67)と続き、車体新造については国鉄オハ31形改造の950型(950・960、下巻に掲載)が最後となった。筆者も仏生山でオハ31形を見つけた時に「これどうするんだろう」と思ったものであったが、完成した車体を見たときにあのオハ31が化けたとは想像できない出来であった。旧型客車の台枠に車体を合わせながらもシャープなラインの折り目を付け、スッキリと仕上がったデザインの車両が昭和初期に作られた古色豊かな木造の工場の片隅で950・960の美しい姿の車両が工場から引き出された姿を見た感動は今も鮮やかに記憶に残る。

琴電950型950号。一見しただけでは国鉄オハ31形の台枠流用であるとはにわかに信じ難いが、側面を両端で絞った車体や正面裾のアンチクライマーなどにその面影が残る。
1977.8　仏生山　P：宮武浩二

中巻のおわりに

車両の近代化を進める中で、他車から購入した車両が琴平線の主役に躍り出ていく一方で、その陰で不運な車両もあった。京浜急行から購入し鋼体化した10型90型は、運転台が狭いという理由で主力車両にはならず、ラッシュが終わると瓦町の引上げ線や屋島駅などに留置することが多かった。長尾線の1,500V昇圧時の車両不足を担った車両ではあったが、やがて予備車的な存在となった。

それと印象に残るのは更新が中止になって放置されていた3000型345号(下写真)。1967(昭和42)年まで志度線で走っていたもので、3000型で最後の未更新車でもあった。ところが更新工事が開始され床板を取り除き床下機器を外したところで、他車の整備が優先され、更新工程から外され側線に放置される日々が続いた。子供の頃、雨が降る中で放置されていた345の車内に立ち入って、子供心にも無情さを感じたものであった。そのうち工場の人からも、このまま廃車になるという声を聞こえて悲しくなったものである。忘れられない少年の頃の思い出の一つである。

345はその後、5年の放置期間のあと高木 亙氏の指示によって更新され、志度線に復帰したが、私にとっては今も捨て置かれていた姿の方が印象に深いのである。下巻では琴平線の近代化、長尾線の昇圧の頃を紹介したい。

宮武浩二(元大阪市交通局職員)

筆者の想い出に残る、更新工事の半ばで中断され放置された3000型345号。稼働中の全車が1970(昭和45)年に始まった新塗装(ファンタンゴレッド)になって以降も唯一、旧塗装のまま放置されていた。この3年後に工事は再開され、室内木部をニス塗りとした古風で趣ある内装に一変した。
1969.4.2　仏生山　P：荻原俊夫